Bebel (C)

III

T.64
282

Bélot (C.)

1774

T 64
282

LES SECRETS

DU

MAGNÉTISME

Imprimerie générale de Châtillon-sur-Seine. — A. PICHAT.

LES SECRETS

DU

MAGNÉTISME

PAR

CAMILLE BÉLOT

Qui prouve enseigne.

PARIS
E. DENTU, ÉDITEUR
LIBRAIRE DE LA SOCIÉTÉ DES GENS DE LETTRES
PALAIS-ROYAL, 15, 17 ET 19, GALERIE D'ORLÉANS
—
1884
Tous droits réservés.

PRÉFACE.

Il va sans dire que je possède les signatures et les textes autographes des attestations publiées à la fin de cet ouvrage.

Le sujet que je vais aborder ici étant entouré, pour bien des gens, du mystère le plus profond, j'ai cru bien faire en priant le public de mes séances intimes ou publiques de me seconder dans ma tâche et d'apporter son contingent de persuasion à mes lecteurs.

Car il ne faut pas se le dissimuler, il y a pas mal de personnes dont l'instruction est relativement soignée, agrémentée même d'un titre universitaire, et qui répondent invariablement au mot *Magnétisme* par ces mots d'une triviale simplicité :

C'est pas vrai !!!

C'est rendre hommage aux signataires de mes procès-verbaux que de leur faire dire un ton plus haut à ces incrédules de toutes nuances :

PRÉFACE

Le magnétisme — c'est vrai !

Je voudrais être lu de tout le monde et pénétrer dans toutes les classes de la société pour y répandre tout le fruit de mes expériences, peu jaloux de voir les élèves surpasser le professeur.

Il s'agit donc de savoir si l'on peut causer science pendant quelques heures sans introduire en son langage ces mots sonores qui éloignent du but les auteurs les mieux intentionnés.

Ceux qui me connaissent comprendront parfaitement du reste ce qui me fait éviter la difficulté.

Qu'on me pardonne un style si peu

élevé et qu'on me tienne compte de mes efforts, c'est le vœu avec lequel je termine cette préface.

Camille BÉLOT.

LES SECRETS
DU
MAGNÉTISME

CHAPITRE PREMIER

Historique.

Le mot « Magnétisme » dérive d'un mot grec dont la signification comporte l'attraction qu'exerce un corps sur un autre.

Or, comme on le verra par la suite, c'est un mot complètement impropre dans cette acception, car le Magnétisme animal ne procède pas plus par attraction que par répulsion.

L'expression « Sommeil magnétique » est donc doublement erronée, attendu que l'état particulier d'un sujet magnétisé n'a aucun rapport avec le sommeil naturel. —

Je m'en servirai néanmoins dans cet ouvrage pour ne pas donner une appellation nouvelle au phénomène dont je veux vous entretenir.

Le Magnétisme a commencé avec l'Humanité, c'est-à-dire avec le système nerveux, dont il est une affection caractéristique.

L'antiquité nous fournit des preuves nombreuses de son existence.

Les prêtresses, dont les songes prophétiques avaient tant d'influence sur les peuples, étaient sous l'empire de cette affection nerveuse compliquée de « Somnambulisme. »

Et le Somnambulisme, qui aura son chapitre en ce livre n'est autre que la faculté d'exprimer sa pensée par des signes ou par la voix chez un sujet en état de crise magnétique.

L'état de somnambulisme magnétique qui se produit naturellement chez un grand nombre de malades peut s'obtenir artificiellement avec des individus bien portants.

C'est ce que fit Mesmer, docteur étranger en 1780.

Celui-ci qui attribuait à sa découverte des effets curatifs, vint la présenter en France où il eut maille à partir avec nos bons académiciens.

Nos honorables, après avoir nommé des commissions d'étude conclurent par ces mots:

Le magnétisme n'existe pas.

Ayant reconnu leur erreur, ils en admirent l'existence tout en en contestant l'utilité.

Bref, on n'a jamais entendu dire qu'ils se soient vraiment intéressés à ce phénomène qui devrait tenir une grande place dans la science médicale.

Le savant, selon moi, est tenu à plus de travail que l'ignorant, mais lorsqu'il a conquis les galons de la renommée, l'orgueil commence et son ardeur cesse.

Qu'on ne lui demande plus rien en dehors de ses connaissances, ce qu'il ne sait pas touche au merveilleux, et son nom se dresse comme une digue en face du flot envahisseur qu'on nomme le progrès.

L'univers est un vaste problème. L'homme cherche en vain la suprême solution; il avance d'un pas et recule de deux, puis quand son génie le rapproche brusquement de la

« Sublime Vérité », sa chute est prochaine.

C'est ainsi que les peuples ont eu leur apogée et leur décadence.

CHAPITRE DEUXIÈME

Le public des Séances de Magnétisme.

Je veux surtout vous entretenir du Magnétisme expérimental et je suis amené à vous parler du public des séances.

Je vais donc vous présenter un individu plus commun qu'on ne pense, engager avec lui une conversation sur le Magnétisme et finalement l'amener dans la salle de mes expériences.

Au physique, rien de particulier, du moins à l'extérieur ; au moral, une instruction moyenne, encyclopédique, mais peu approfondie lui permettant de causer de tout avec aisance et de trancher de graves questions carrément dans le sens de son opinion.

— « S'il a vu des Somnambules, ah! je crois bien, beaucoup même, les jours de foire surtout dans les voitures à volets peints ou dans les cirques..... bonne blague..... la bonne aventure, l'équilibre sur un sabre, le nom de celle qui vous aime.... Entrez, Mesdames et Messieurs, on ne paie qu'en sortant. Ah! ah! ah! ah!

Voilà le type.

Ah! par exemple, si vous avez besoin d'un compère pour jouer une comédie magnétique, il est tout à votre service et s'en tirera très bien.

Voilà le langage avec lequel il accueille une invitation à venir voir une séance.

Ses protestations du lendemain et ses regrets rendent plus coupables encore ses bravades de la veille.

Aussi, je ne saurais trop engager tous les gens raisonnables à mesurer leurs paroles et à ne pas condamner sans appel une science qui s'impose avec tant de grandeur à leur attention.

Nous voici en séance.

A peine ai-je levé les mains pour procéder à l'expérience que des rires mal contenus m'obligent à l'interruption.

Le lecteur aura peine à s'imaginer ce qu'il faut de courage et de persévérance pour continuer dans des conditions aussi défavorables.

Ainsi, nous voilà en présence d'un public

tumultueux et d'un patient qu'on ridiculise ou qu'on blesse dans sa dignité. Mais si vous priez ce même public de faire du tapage et de rire aux éclats, vous êtes certain d'obtenir le silence le plus parfait. J'en ai acquis trop souvent la preuve.

Vous commencez enfin, mais vous avez à compter avec le sujet qui s'est offert à contre-cœur ou par bravade et uniquement pour s'assurer qu'il peut vous résister.

En un mot, c'est toujours une lutte corps à corps que vous allez entreprendre, et ce n'est que par surprise que vous pouvez réussir pour la première expérience.

Quand j'aurai dit que les miens me traitent de fou parce que je m'occupe de Magnétisme, on comprendra que je professe envers le public sceptique et les sujets rebelles une bien sincère indulgence.

Fort heureusement, et je me plais à le relater ici, un sujet précédemment magnétisé dirige pour ainsi dire seul l'expérience et éprouve généralement le désir de la renouveler pour instruire les ignorants et convaincre les incrédules.

Je vais donc m'efforcer de rendre le magnétisme accessible à tout le monde et mettre pour longtemps la lumière sur le boisseau.

CHAPITRE TROISIÈME

Le fluide magnétique.

Il s'en faut de beaucoup que je sois le premier à donner des séances de Magnétisme ; d'autres avant moi ont produit les mêmes phénomènes d'une façon plus imposante encore en les entourant d'un décorum auquel je n'ai jamais recours.

Parmi ceux qui ont magnétisé jusqu'à ce jour, il en est qui induisaient sciemment en erreur un public aussi nombreux que crédule, exploitant effrontément la confiance et faisant la nuit profonde autour du Magnétisme.

Pour dérouter les recherches et créer une espèce de monopole magnétique, on a imaginé la pire des plaisanteries, prônée, il faut l'avouer, par des hommes de talent même : le fluide magnétique.

Beaucoup étaient sincères dans leurs croyances, mais combien ne l'étaient pas du tout ! ! !

Combien se sont obstinés à faire des rapprochements incessants entre le Magnétisme et l'électricité, quand rien ne les poussait dans cette voie, et combien ont écrit de volumes sur le Magnétisme sans avoir jamais magnétisé.

La sincérité est toujours une excuse, mais l'on ne saurait trop blâmer ceux qui ont détenu pendant si longtemps cette science humaine et humanitaire au premier chef, la sacrifiant sans pitié à leur vil intérêt.

J'ai fait bien des expériences et sur des sujets bien différents, cherchant avant tout la vérité et répudiant de ma pensée la sotte prétention d'être mieux doué que les autres.

Toutefois, en plus d'une occasion, j'ai acquis la certitude qu'on a tort de se refuser cette douce illusion, car il ne manque pas de gens qui vous attribuent à votre corps défendant un pouvoir surnaturel.

Il n'y a pas de fluide magnétique. Cette assertion, j'en suis certain, fera tomber les superstitions attachées au magnétisme et détruira pour toujours les préjugés qu'ont encouragés certains romans.

Le chapitre des expériences où j'explique

chaque phénomène après l'avoir fait naître viendra à l'appui des lignes suivantes :

J'établis ceci, que sur dix individus en moyenne, deux sont magnétiques, trois capables de le devenir par des moyens artificiels que j'indiquerai plus loin, et cinq réfractaires à toutes les tentatives. Je ne parlerai pas des hôpitaux où sont traitées les affections nerveuses, car le nombre des sujets magnétiques y peut être évalué à neuf sur dix.

Bien des savants hausseront les épaules, dédaignant d'apprendre ces choses par une voix inconnue, mais je suis à leur disposition pour en donner des preuves ; plus d'un se félicitera sans doute en secret d'avoir lu jusqu'au bout une piètre littérature, quand il aura produit lui-même, par mes indications désintéressées un phénomène aussi digne d'étude, et aussi grandiose parmi les chefs-d'œuvre de la Création.

Et puis, j'ambitionne d'être lu par les gens sans prétention, par l'école nouvelle qui ne se laisse plus prendre aux appâts des fausses religions et qui veut avant tout qu'on lui parle la langue de la raison.

Pour terminer ce chapitre, je n'ai plus que peu de chose à ajouter ; cependant, et pour établir des comparaisons, je dois dire que les facultés d'éprouver des sentiments tels que la joie, la douleur, la clémence, la colère sont autant d'états particuliers inhérents à chaque être et qu'on peut développer artificiellement.

On est magnétique comme on est bon, méchant, craintif, courageux, à des degrés divers.

A défaut de ces comparaisons qui peuvent

sembler naïves aux esprits forts, je ne puis opposer qu'une chose :

La preuve expérimentale.

Je puis donc répéter hautement qu'il n'y a jamais eu et qu'il est impossible qu'il existe un fluide magnétique transmissible d'une personne à une autre et que le magnétisme n'a aucun point de ressemblance ni aucun lien de parenté avec l'électricité.

CHAPITRE QUATRIÈME

Magnétiseurs et Magnétiques.

Avant de passer à la manière de procéder aux expériences, envisageons rapidement la situation des Magnétiseurs et des « Magnétiques. »

On voit que j'éloigne de parti pris le mot « Magnétisé » et que je le remplace par le mot « Magnétique » bien mieux approprié à ma théorie.

Les sujets magnétiques s'ignorent eux-mêmes et c'est le rôle du magnétiseur de les découvrir.

Il serait difficile de donner des indications capables de les faire distinguer infailliblement, mais il est permis de signaler quelques remarques utiles.

Les individus dont le caractère est doux, affectueux, peu enclin conséquemment à la colère, dont la volonté est peu accentuée et le tempérament peu sanguin sont les plus susceptibles de tomber dans l'état magnétique.

Ils ont le cœur généreux et l'âme sensible, aussi seraient-ils peinés de faire subir un échec à l'opérateur et apportent-ils une grande attention et un grand courage joints à non moins de persévérance pour mener à bonne fin l'entreprise; c'est ce qui a fait dire qu'il est nécessaire d'avoir la foi, de croire au magnétisme pour réussir.

J'ajouterai même que la volonté du sujet est la seule nécessaire et que le magnétiseur est au magnétique ce que le chien est à l'aveugle, un conducteur et voilà tout.

Je sais bien qu'on pourra me reprocher de ne pas définir nettement et scientifiquement la conformation physique du système nerveux des « Magnétiques » ; mais ceci n'est pas de mon domaine et je veux laisser à d'autres mieux doués que moi sous le rapport des connaissances physiologiques le soin de faire le jour complet sur ce point important, mettant humblement à leur service la pratique que j'ai acquise à force de patience et de temps.

Enfin, il est nécessaire de rappeler que le magnétiseur exerce sur le magnétique un ascendant moral purement illusoire et qu'un jour viendra où les sujets ne seront plus dupes de leur ignorance, c'est-à-dire qu'ils se prêteront aux expériences avec connaissance de cause, et que pour les besoins de la science, les rôles seront intervertis :

Le « Magnétique » cherchera son magnétiseur comme l'aveugle cherche son chien.

1ᵉʳ APPENDICE

En somme, les sujets avec lesquels on réussit le mieux sont ceux dont on dit vulgairement qu'ils sont peu nerveux.

2ᵉ APPENDICE

Pour ébranler la conviction des prartisans du fluide magnétique il suffit de leur poser la question suivante :

Quel est le fluide qui magnétise les somnambules magnétiques naturels ?

CHAPITRE CINQUIÈME

Manières de procéder aux expériences.

Pour développer chez quelqu'un la colère, un moyen à la portée de la main, soit dit sans jeu de mots, c'est de lui donner un soufflet.

Il en est de même pour faire naître l'état magnétique, il faut des moyens, et ces moyens sont en grand nombre. Je ne suis pas éloigné de croire qu'il en existe d'assez puissants pour venir à bout des tempéraments les plus réfractaires.

Honneur à ceux qui sauront les découvrir, ou prouver qu'ils sont une chimère.

Prenons d'abord les sujets que j'ai classés dans la deuxième catégorie, ceux qu'on peut rendre magnétiques par des moyens artificiels.

La méthode la plus simple est celle de l'hypnotisme.

L'hypnotisme est un sommeil factice qui résulte de la fixité et de l'entrecroisement des regards sur un point placé à quelque distance des yeux.

On obtient l'hypnotisme de différentes façons; indiquons d'abord la plus intéressante et celle qui a donné lieu à plus de préjugés.

Je veux parler de la fascination.

Vous placez vos yeux dans ceux du sujet

en observant toutefois deux choses : le prier de fixer ardemment vos deux yeux à la fois et vous réserver à son insu le droit de n'en regarder qu'un des siens.

Or, comme il est matériellement impossible de regarder à la fois deux objets placés à proximité l'un de l'autre, il arrive qu'au bout d'un instant le sujet regarde un point mort placé entre vos yeux, puis les voit tournoyer, s'agrandir, se multiplier et finalement disparaître.

Pour lui, c'est bientôt l'obscurité complète avec les yeux grands ouverts, un bourdonnement dans les oreilles suivi de surdité et d'un abaissement naturel des paupières ; quand ces dernières tardent à se baisser et que les yeux sont déjà hagards, il suffit de les fermer doucement avec la main et le sujet n'a plus le pouvoir de les rouvrir.

Quelques passes de haut en bas achèvent de porter l'engourdissement dans toutes les parties du corps.

Vulgairement, le sujet est endormi.

Improprement, il est magnétisé.

Scientifiquement, il est hypnotisé.

C'est-à-dire que l'hypnotisme conduit à l'état magnétique.

Un deuxième procédé consiste à placer un objet le plus souvent brillant entre les yeux du sujet en le priant de faire converger ses regards sur un même point de cet objet.

L'objet brillant a cet avantage, c'est que les rayons lumineux se réunissent en un faisceau sur un seul endroit de sa surface et deviennent ainsi le point fixe que les yeux ne sauraient rencontrer sur un objet terne sans difficulté.

Pour certains individus, un moyen facile

de les rendre magnétiques, c'est de leur faire regarder attentivement le bout de leur nez ou de les faire persister à *loucher*, à saisir le moment où leurs yeux papillottent et se troublent pour leur abaisser les paupières.

Cependant, et dans tous les cas, il est utile d'engager le sujet de faire abstraction complète de sa volonté, de n'avoir aucune préoccupation de ce qui se passe autour de lui, de s'annihiler en quelque sorte, car il peut toujours réagir jusqu'à la dernière phase de l'expérience d'essai.

Ce qui a fait attribuer à la lune une puissance magnétique qu'on pourrait donner au soleil, aux astres en général et à toutes les lumières, c'est que sa blancheur éclatante détermine rapidement l'obscurité dans les yeux de celui qui la contemple avec fixité et par suite l'hypnotisme qui en est la conséquence.

Si la chose était praticable aisément, j'aimerais à me servir des astres pour donner plus de relief à mes expériences, mais dans les salons où m'introduit l'amitié, j'emploie de préférence mes yeux qui ont acquis peu à peu une grande fixité, une fleur ou tout autre objet emprunté à une personne de la société.

Tourner un instant cet objet dans ses mains avant de le confier au sujet, augmente son émotion et votre influence, bonne précaution avec celui qui s'apprête mentalement à la résistance.

Pourtant, la première expérience une fois réussie, il vaut mieux rassurer le patient et lui expliquer simplement la raison de son sommeil, c'est ce que je fais dans cet ouvrage, en remerciant sincèrement mes sujets de partout, sûr de les retrouver tout prêts à sonder avec moi les mystères de la nature.

Passons maintenant à la première catégorie, celle des individus capables de se mettre eux-mêmes dans l'état magnétique.

Je dois avancer tout d'abord que ceux de la deuxième catégorie passent dans la première après avoir subi plusieurs fois l'épreuve et qu'ils arrivent au même résultat sans le secours d'aucun intermédiaire.

Vous commencez à leur placer la main sur la tête sans les regarder.

Croyant sincèrement qu'ils ne peuvent se soustraire à l'action et en connaissant la marche habituelle qui commence toujours par l'entrecroisement des yeux, ils les placent d'eux-mêmes dans le point mort dont j'ai parlé, la prunelle occupe bientôt le coin des yeux ou se renverse en arrière de façon à n'en laisser voir que le blanc et l'état magnétique est obtenu.

Enfin, et pour rendre les expériences de plus en plus merveilleuses, vous leur donnez un parfum à respirer, une photographie à contempler, un journal à lire, vous vous servez de la détonation d'une arme à feu en vous plaçant à une certaine distance en arrière, et le résultat comme on l'a déjà compris est toujours le même.

On peut encore se servir d'une tierce personne qui devient alors un instrument inconscient, faire magnétiser un deuxième sujet par le premier et varier à l'infini, le mode de procéder, mais il est bon de conserver toujours l'attitude capable d'influencer les sujets et d'étonner les spectateurs.

Entre des moyens aussi invraisemblables et l'invention du fluide magnétique il n'y avait qu'un pas, on l'a franchi à pieds joints et sans plus d'examen.

Et pourtant, ce chapitre a démontré clairement que le fluide est une absurde chimère qu'il était temps d'anéantir.

Si j'ajoute que certains sujets malades tombent en l'état magnétique à la suite d'un bruit désagréable, d'un choc violent, d'une forte émotion ou d'une vive douleur, sans parler des somnambules bien portants, vous serez totalement édifié en faveur du fluide magnétique.

Il faut noter en passant que, dans presque tous les cas de magnétisme naturel ou artificiel, les yeux subissent une transformation, un déplacement appréciable et souvent une augmentation de volume de la pupille accompagnée d'insensibilité.

J'espère avoir réduit à néant la popularité

du fluide magnétique et des superstitions y attachées, trop heureux quand je puis donner des expériences convaincantes aux hommes de science capables de tirer meilleur parti que moi du magnétisme et d'en faire un objet d'études utiles.

CHAPITRE SIXIÈME

Expériences générales.

S'il n'existe aucun fluide pendant le sommeil magnétique, l'opérateur acquiert sur le sujet une influence énorme, capable de faire supposer un agent conducteur de la volonté.

Avant de mentionner les nombreuses expériences qu'on peut pratiquer, je dois avouer qu'il n'est pas de science procédant avec plus d'exceptions que le magnétisme.

Ce que vous obtenez de celui-ci est impossible avec celui-là ; mais comme on produit avec chaque sujet la presque totalité des résultats, je vais les présenter sous le titre d'expériences générales.

Ce qui impressionne le plus vivement les spectateurs et force les médecins à sortir de leur réserve habituelle, c'est la catalepsie. Rien n'est plus facile que de la produire : il suffit de prendre les bras par exemple, et de les mettre dans une position horizontale, en les serrant légèrement.

L'insensibilité n'existe pas toujours sur un bras en état de catalepsie, mais on peut la développer aisément par des frictions, une légère pression ou de petits coups réitérés.

Vous pouvez alors pincer, brûler ou couper sans faire tressaillir le sujet qui, non seulement affirme qu'on ne lui fait pas de mal, mais encore qu'on ne le touche pas.

Sans insister davantage sur ce phénomène, on voit qu'il ouvre un champ large à la chirurgie et qu'il doit mettre en garde de confondre l'insensibilité avec la mort.

Notons en passant qu'on rencontre des sujets dont les membres conservent des positions contraires aux lois de la pesanteur sans être pour cela cataleptiques et insensibles.

Leur catalepsie est du moins atténuée, sans raideur ni contraction, et confine plutôt à l'inertie.

Pour remettre un bras cataleptique en place, il existe deux procédés : le premier consiste à faire glisser ses doigts de l'épaule à la main en appuyant légèrement pour lui faire reprendre la position primitive;

Toutes relations gardées, ce moyen est applicable aux jambes.

Le deuxième procédé diffère du premier en ce sens qu'il supprime le contact ; il suffit de placer ses mains au-dessus du membre cataleptique et de les faire passer rapidement à peu de distance, de façon à produire un déplacement d'air perceptible pour le sujet.

Celui-ci, sous la titillation des ondées atmosphériques comprend ce qu'on attend de lui et emploie sa volonté *passive* à dégager son bras, ce à quoi il réussit presque toujours.

Un ordre verbal produit du reste le même effet et donne une explication suffisante de ce fait étrange.

Il est difficile de s'assurer sans danger de la durée de la catalepsie, mais il est à supposer qu'elle doit subsister longtemps et qu'il ne viendrait pas à l'idée du sujet l'intention formelle de la détruire.

Voici une autre expérience.

Vous donnez ou faites donner au sujet l'ordre de se lever : au moment où il va exécuter ce mouvement, vous placez les mains au-dessus de sa tête et les abaissez vivement à diverses reprises jusqu'à proximité des cheveux ; ces mouvements ont pour effet de paralyser tous ses efforts et de le clouer sur son siège.

On obtient un phénomène assez curieux en faisant boucher les oreilles du sujet par une ou plusieurs personnes choisies parmi les plus incrédules.

On lui adresse ensuite la parole près du visage et à voix très basse; il entend avec une précision remarquable et quand on lui demande à brûle-pourpoint à quel endroit il perçoit les sons, il montre sa tête.

Les oreilles étant hermétiquement closes, les ondes sonores passent par les narines ou par la bouche entr'ouverte et viennent frapper intérieurement le tympan, ce qui explique logiquement la réponse du sujet.

Certains sujets, pressés de répondre et ne se rendant pas un compte bien exact de l'endroit où ils entendent montrent leur estomac, s'imaginant que les sons font vibrer les parois du corps, mais ils sont en réalité entièrement surpris et déroutés par l'étrangeté de ce phénomène.

Vous pouvez donner aux sujets dans l'état magnétique l'ordre de pleurer, de rire, de chanter, d'éprouver telle ou telle sensation, de commettre tel ou tel acte excentrique, même indécent, sans qu'il leur soit possible, du moins pendant longtemps, de se soustraire aux conséquences de votre volonté.

Vous pouvez de même leur faire accomplir des trajets d'eux connus ; ils vont et reviennent avec une assurance remarquable dans la démarche et sans le secours de tâtonnements.

Quelque chose de très émouvant en magnétisme est ce que j'appellerai la transfiguration.

Vous adressant au sujet, vous lui affirmez qu'il doit éprouver une douleur morale, un chagrin immense par exemple ; vous voyez alors son visage prendre une expression indéfinissable qui persiste avec l'écoulement des larmes ; les muscles faciaux deviennent froids et rigides dans l'expression qu'ils représentent.

Continuant votre discours, vous le persuadez que sa douleur est moins vive, alors vous voyez se distendre les traits, s'arrêter les pleurs et quand vous le rassurez tout à fait, la figure reprend peu à peu sa parfaite sérénité.

Sans vous interrompre, si vous l'invitez à une joie modérée, à la gaîté pure ou à l'hilarité folle, la physionomie s'éclaire d'une façon inoubliable et passe successivement par tous les degrés de la joie, devenant ainsi une incarnation vivante des sentiments et prouvant d'une manière admirable la justesse de cet adage :

Le visage est le miroir de l'âme.

On peut obtenir par la transfiguration une série de photographies du même sujet dont nul être humain à l'état de veille ne pourrait donner les empreintes.

Il est aussi facile de faire éprouver aux sujets magnétiques des sensations physiques capables de les faire bondir de joie ou de leur arracher des cris de douleur.

Restent quelques expériences dont je donnerai également l'explication dans le chapitre intitulé : *Du Somnambulisme.*

En un mot, la volonté et le mouvement des sujets sont complètement annihilés au profit de l'opérateur; il ne leur appartient plus en fait de mouvements propres que ceux de la respiration, de la circulation du sang, et des intestins.

La respiration devient peu active et souvent nauséabonde.

On pourrait la supprimer tout à fait ainsi que les autres mouvements et les rétablir, mais l'expérience offre trop de dangers pour que je conseille de l'entreprendre.

Encore une expérience qui mérite d'être citée.

Vous faites coucher le sujet sur le dos, et lui rapprochez les jambes que vous mettez en état de catalepsie jusqu'aux hanches ; vous lui raidissez ensuite les bras le long du corps, et ainsi rigide dans la position horizontale, vous lui placez la tête sur une chaise et les talons sur une autre, le corps sans soutien vers le milieu.

Ce qu'on peut produire alors a vraiment le don d'émerveiller les spectateurs.

Sans toucher le sujet, vous abaissez la main vivement au-dessus de son abdomen; vous voyez alors se produire une dépression qui courbe le corps et le fait ployer jusqu'à quelques centimètres du sol.

Faisant ensuite la même manœuvre en sens contraire, c'est-à-dire plaçant la main en dessous du corps et sans le toucher, vous lui faites reprendre peu à peu sa position horizontale.

Et cependant, malgré cette flexibilité apparente, vous pouvez vous asseoir sur ce banc improvisé sans le faire ployer.

Bref, on découvre au fur et à mesure une foule de phénomènes qui se présentent d'eux-mêmes et qu'on doit étudier sérieusement pour en définir la portée bienfaisante ou malfaitrice.

CHAPITRE SEPTIÈME

Le réveil.

Pour provoquer un réveil lent au moyen de l'ordre verbal, il faut donner à sa voix les inflexions de la douceur et s'exprimer sous la forme d'une prière; le réveil instantané s'obtient en ordonnant d'une façon impérieuse.

Je recommande ces moyens à ceux qui se trouveraient dans l'obligation d'éveiller un sujet par suite de la mort subite de l'opérateur ou à ceux qui sont fortuitement en présence d'un cas naturel de léthargie magnétique ; pour ce dernier cas, cela serait préférable à l'emploi de meurtrissures, de brûlures, puisque l'insensibilité existe dans bien des cas de sommeil magnétique.

Mais comme certains sujets n'entendent absolument que la voix du magnétiseur, il est bon de connaître et d'employer les moyens que j'indique dans ce chapitre.

On peut éveiller un sujet au contact d'un objet glacé, au moyen d'un souffle dirigé sur le visage, et en général de toutes manières capables de produire une réaction contre l'engourdissement.

Ces procédés différents n'étant pas les plus intéressants pour le public avide de merveilleux, vous vous placez à distance derrière le sujet, puis imitant avec les bras les mouvements du nageur, vous les étendez rapidement et énergiquement dans sa direction et le réveil ne tarde pas à se produire. Comment? le voici.

Le sujet, dont l'attention est complètement absorbée par l'opérateur, perçoit mieux que le public le bruit produit par vos bras dans l'espace et la ventilation occasionnée par leur mouvement; ces bruits et cette ventilation déterminent chez le sujet de légers soubresauts qui sont la conséquence et comme la compréhension de l'ordre donné; on le voit s'efforcer de soulever ses paupières et bientôt s'éveiller tout à fait.

Le sommeil ou le réveil à distance sont les deux phénomènes qu'on a invoqués le plus souvent en faveur du fluide magnétique; il est donc nécessaire d'insister sur les effets à distance.

Faire respirer une fleur ou un parfum, prendre les mains du sujet, etc., etc., sont autant de moyens qui lui indiquent trop clairement votre intention, mais on obtient aussi le réveil en se plaçant très loin du sujet et en observant le plus profond silence ; ne se sentant plus touché et n'entendant plus la voix de son magnétiseur, le sujet pénètre au bout d'un instant ce qu'on attend de lui et fait des efforts pour se dégager.

Voici enfin le sujet ramené à son état normal, à la vie réelle, riant, causant avec les spectateurs ; vous lui demandez s'il est parfaitement éveillé; sur son affirmation, vous lui dites qu'il se trompe et que son sommeil n'a pas cessé.

En effet, lui passant vivement les mains sur les paupières et lui saisissant énergiquement les bras, vous le jetez instantanément dans la plus parfaite catalepsie et recommencez toutes les expériences citées plus haut.

Voilà maintenant ce qui a fait dire qu'on pouvait éveiller ou endormir quelqu'un par la seule puissance de la volonté.

Vous ordonnez au sujet magnétique de s'endormir et de s'éveiller à telle heure. Lorsqu'il voit l'heure en question sur l'horloge, qu'il l'entend sonner ou qu'il la croit arrivée, il se souvient de l'ordre et fatalement se laisse aller au sommeil ou au réveil, persuadé qu'il est de ne pouvoir échapper à votre influence.

CHAPITRE HUITIÈME

Précautions nécessaires pendant les expériences.

A tous ceux qui se sont occupés de magnétisme dans le peuple on a crié : Casse-cou! parlant de dangers innombrables.

Moi, je dis et je prétends qu'il faut qu'on s'en occupe sérieusement, donnant à l'appui de mes paroles ce simple argument :

Si, dans la crainte de s'échauder on avait abandonné la bouillotte de Denis Papin, le siècle où nous vivons ne s'appellerait pas celui de la vapeur.

Ainsi donc je pratique constamment l'art magnétique et je m'en trouve très bien, accumulant les observations, cherchant à rendre les expériences contradictoires et les faisant ainsi plus concluantes, cherchant par-dessus tout, ce qui doit être le prix de tant d'efforts : le secret de l'utilité du magnétisme.

Cependant, si j'engage tout le monde de s'occuper de cette science avec une ferme assurance, je ne saurais trop recommander l'emploi de certaines précautions.

Il arrive que dans le cours d'une expérience, le sujet éprouve un malaise quelconque, étouffements, maux de tête ou de cœur, sensations de chaleur ou de froid ; rien n'est plus facile que de rétablir le bien-être.

Le passage des mains de haut en bas ou un léger souffle sur la partie douloureuse enlèvent le mal comme par enchantement.

Si exagéré que cela puisse paraître, ce n'en est pas moins l'expression de la plus pure vérité.

En effet, que la douleur soit le fait d'une contraction pénible ou d'une affluence locale de sang, l'insufflation et l'imposition des mains ont pour effet immédiat d'insensibiliser le point douloureux, et à ce propos, disons tout de suite que si les passes ont leur raison d'être pour amener l'engourdissement et l'insensibilité, je les trouve absolument intempestives pour produire le sommeil et le réveil ; les moyens que j'ai indiqués suffisent amplement.

La catalepsie obtenue sur les membres ne

doit pas aller au delà et s'adresser à telle partie du corps contenant des organes essentiellement fragiles et délicats comme le tronc et la tête.

Vous n'êtes pas sans avoir vu dans les cirques placer un sujet dans une position contraire aux lois de la pesanteur après lui avoir fait respirer quelque flacon.

Ceci n'a rien à faire avec le magnétisme, et j'engage les spectateurs de tenir ces expériences pour de l'acrobatie bien faite, car avec un corset métallique et des tringles articulées, chacun d'eux pourrait s'offrir le luxe d'en faire autant.

Revenons aux précautions à observer.

Demander au sujet à intervalles rapprochés s'il n'éprouve aucun malaise est un devoir qui s'impose à tout magnétiseur généreux, mais si l'on oubliait ce principe qui fait la base d'une bonne expérience, l'on ne tarderait pas à voir le visage du sujet peindre fidèlement sa souffrance.

Enfin l'on peut dire au magnétiseur : Soyez attentif à tous les phénomènes qui se présentent, commentez-les avec soin et évitez autant que possible au sujet une fatigue inutile et demandez-lui s'il est opportun d'arrêter ou de continuer l'expérience.

Se bien posséder et ne jamais perdre la tête quoi qu'il arrive sont deux choses indispensables, car rien ne serait plus dangereux pour le sujet que votre fuite.

C'est par ces mots que je termine mes recommandations aux magnétiseurs futurs.

Soyez prudents sans faiblesse et audacieux avec méthode, la réussite est à ce prix.

CHAPITRE NEUVIÈME

Conseils aux Magnétiseurs et aux sujets magnétiques.

Si ce titre peut paraître présomptueux à mes lecteurs, je vais en atténuer la portée en m'adressant seulement aux gens qui auront tout appris de moi, si petit qu'en soit le nombre.

Tout en produisant pour le public les phénomènes d'une façon attrayante, il faut vous attacher à faire votre profit des moindres incidents.

Gardez-vous de l'enthousiasme et des illusions et n'avancez pas des faits sans être pertinemment sûr de leur existence ; le phénomène magnétique le plus simple suffit à étonner beaucoup de monde, et si quelqu'un veut voir quelque chose de plus fort, essayez par condescendance pour le demandeur, le ridicule est pour lui en cas d'échec et le triomphe pour vous en cas de réussite.

Soyez modeste avec calcul, car bien des gens assistent à vos expériences sans vous tenir compte de vos efforts et certains de ne rien vous donner en échange ; laissez-les afficher des airs de conseilleurs et de protecteurs sans vous croire offensé ; leur présence a pour vous et pour le magnétisme une grande valeur, s'ils ne disent pas de bien de vos séances, au moins rien ne les autorise à en dire du mal.

Je supplie enfin le magnétiseur de bien peser la valeur de ses questions afin de ne pas les rendre indiscrètes, car le sujet n'a rien de caché pour lui, et les réponses vont quelquefois au delà de qu'il en attend.

En dehors des séances, le magnétiseur est littéralement assailli par deux sortes d'individus, les uns amusants par leur naïve incrédulité, (ce sont les plus aimables) et les autres ridicules par leur factice érudition ; les premiers quémandent un avis, les autres lui donnent une leçon ; les uns et les autres tombent qui dans les ornières de l'erreur, qui dans les fondrières de la prétention, le jugeant de part et d'autre avec une désinvolture admirable une fois le dos tourné et lui faisant monter le rouge au visage en plus d'une occasion.

Je ne puis conseiller au magnétiseur qu'une prudente réserve et l'inviter à décliner la lutte en matière de discussion.

L'admiration sympathique des spectateurs de ses séances doit suffire amplement à le dédommager des déboires dont on l'abreuve dans le monde et, c'est fort de leur appui, qu'il doit laisser passer l'ouragan des injures.

Je dois également deux mots aux sujets magnétiques.

Je les prie instamment de ne pas douter d'eux au point de croire qu'ils appartiennent corps et âme aux magnétiseurs, mais de se prêter de bonne grâce à une expérience chaque fois qu'il s'agira de convaincre des incrédules sincères dans une séance au profit d'une œuvre utile, hâtant ainsi le jour où nul n'ignorera le sens véritable du mot magnétisme et jusqu'à ce que la science ait dit son dernier mot sur ce bizarre phénomène.

L'esprit est prompt et la chair est faible ! En s'appuyant sur cette maxime, il est bon de les inviter en outre à ne pas consentir à une expérience en tête-à-tête, car le magnétiseur pourrait dans un entraînement coupable mésuser des lois de la discrétion.

Bref, il faut se bien pénétrer que les magnétiseurs et les magnétiques doivent marcher la main dans la main à la découverte d'un inconnu qui sera du même coup leur gloire et leur récompense.

CHAPITRE DIXIÈME

L'utilité du Magnétisme.

« Rien ne se crée, rien ne se perd, » a dit Lavoisier.

Rien n'est inutile, puis-je ajouter.

L'univers est un vaste fouillis de choses qui s'équilibrent ou qui tendent à s'équilibrer.

Le bien équilibre le mal.

Il n'y a pas plus de ligne de démarcation

entre ce qui est bien et ce qui est mal qu'entre ce qui est froid et ce qui est chaud.

Le froid est une forme amoindrie de la chaleur comme le mal est une forme pervertie du bien.

Ceci compense cela.

Il est impossible de désigner dans la création un objet qui n'ait sa raison d'être.

Aussi est-on conduit à chercher la raison d'être du magnétisme.

Pourquoi ce phénomène se produirait-il naturellement d'abord, artificiellement ensuite, sans qu'il soit possible de trouver son explication et son application?

Pense-t-on que le Créateur de toutes choses ait voulu nous infliger une affliction de plus? Je ne le crois pas, car rien n'est plus inoffensif que l'état magnétique, et j'estime même qu'à l'état naturel le magnétisme est un bienfait, car il insensibilise fort à propos des malades dont la douleur serait sinon mortelle, du moins atroce.

Essayons maintenant de citer des phénomènes physiologiques aussi merveilleux que les phénomènes magnétiques et qui cependant ne nous causent pas le moindre étonnement.

Quand les aliments arrivent dans l'estomac, remarquez le travail prodigieux qui s'opère alors et seulement à ce moment pour les transformer en matière assimilable et faire du sang.

Lorsque le sang s'engouffre dans le cœur, voyez comme ce muscle se contracte pour faire refluer dans tout notre organisme le liquide bienfaisant et réparateur.

Lorsqu'un chagrin violent nous accable, qu'un accident terrible et une opération cruelle nous meurtrissent les chairs et causent dans le système nerveux un ébranlement capable d'amener la mort, ne voyez-vous pas s'accomplir ce phénomène non moins merveilleux qu'on appelle la syncope ou l'évanouissement et qui nous fait perdre la conscience de notre horrible douleur.

N'est-ce pas, suivant vous, lecteur, un état qui ressemble à l'état magnétique dans ses effets?

Ne voit-on pas la science actuelle sous l'impulsion de Paul Bert et tant d'autres enfanter des moyens capables d'atténuer les maux qui nous assiègent ou du moins s'efforcer de rendre les précieuses découvertes de la chirurgie applicables sans danger et sans douleur.

L'art chirurgical a fait naître l'art d'insensibiliser.

C'est au chloroforme ou à d'autres produits chimiques qu'on s'est adressé pour produire cette insensibilité que possèdent naturellement tant de gens ou qu'on peut développer si facilement chez eux.

Ces produits ont rendu de grands services et en rendront encore tant qu'on n'aura pas découvert le secret de l'insensibilité chez tous les humains.

Ne serait-il pas précieux du moins de connaître tous les individus capables d'être mis dans l'état magnétique, afin de leur épargner, le cas échéant, les souffrances de toutes sortes d'opérations et de leur procurer du soulagement dans tous les cas d'indispositions même légères, laissant ensuite au repos et à la nature le soin de rétablir l'équilibre troublé.

Evidemment le jour n'est pas proche où

tous les médecins sauront ou voudront se servir du magnétisme comme moyen médical, mais le temps fera plus pour cette cause que ma faible voix ; cependant je ne saurais trop les inviter à accorder à cette science la même attention qu'au vaccin et à tant d'autres découvertes récentes.

Je les supplie enfin d'étudier avec soin ce phénomène dans ses derniers confins scientifiques comme je l'ai étudié dans ses premiers secrets ; leurs connaissances les guideront sûrement vers ce but capital : le magnétisme accessible à tous, indispensable à tous et praticable sur tout le monde.

CHAPITRE ONZIÈME

Somnambulisme.

En attendant que je fasse de plus amples études sur la lucidité dans le somnambulisme, je vais mentionner les cas qui se produisent dans le cours de mes expériences.

Le sujet magnétique ne saurait être mieux comparé qu'à l'aveugle dont les sens augmentent de subtilité au détriment de l'un d'eux.

Or, il est évident qu'il perçoit des bruits qui passent inaperçus pour les spectateurs et qui sont pour lui des indications précieuses quand on l'oblige à deviner le nom d'un objet ou celui d'une personne au contact de la main.

L'odeur que dégage cette personne, le frôlement de son vêtement, la pesanteur ou la légèreté de sa démarche sont autant de probabilités qui viennent seconder les efforts inconscients du sujet.

Priez un de vos amis de fermer les yeux et vous allez développer chez lui le don de la double vue en lui présentant un objet à deviner.

Comme en pareille circonstance, vous ne cherchez pas la difficulté et que vous voulez cependant éviter tout dérangement capable d'éveiller l'attention de votre ami, c'est de votre poche que vous tirez soit un mouchoir, une montre ou un porte-monnaie ; comme on le conçoit, ces objets produisent à leur sortie de votre poche des bruits tellement distincts et caractéristiques que vous avez fait en peu de temps de votre ami un somnambule lucide.

Quant aux révélations concernant l'extérieur et l'avenir, il serait plus prudent de n'en pas écrire une ligne en cet ouvrage.

Néanmoins, à maintes reprises, j'ai adressé des questions à mes sujets qui répondent invariablement : Je ne sais pas.

Sur mon ordre formel, ils ont répondu souvent ou plutôt toujours suivant l'avis de leur imagination des choses n'ayant pas l'ombre du sens commun et que je leur faisais aussitôt démentir.

Avec eux, j'ai fait les expériences les plus

invraisemblables aux yeux du public, mais je regrette vivement leur ignorance crasse de l'avenir et des affaires d'autrui, car ce serait une source de fortune dont j'aurais large part.

Qu'on me permette ici une anecdote ayant trait aux prédictions somnambuliques :

Une jeune femme atteinte d'une maladie intérieure s'avisa de consulter (comme on dit dans son village) la somnambule et en obtint à peu de chose près le nom de sa maladie.

Emue de cette révélation, elle eut la malencontreuse idée de lui demander si elle devait en mourir et enfin le jour de sa mort; la somnambule ayant répondu affirmativement et précisé le jour fatal, la jeune femme éplorée se mit au lit sous l'empire d'une frayeur qui dégénéra en fièvre violente et mourut avant le jour indiqué.

On ne manqua pas de vanter la clairvoyance de la somnambule qui sert d'oracle dans le pays, *mais il est à remarquer qu'on* s'abstient depuis ce temps de lui poser la question de vie ou de mort.

CHAPITRE DOUZIÈME

Somnambulisme.

(Suite.)

Disons enfin un mot de certains cabinets où se prédisent le passé, le présent et l'avenir.

Vous entrez dans un salon d'attente où suivant l'expression consacrée, vous faites la queue en attendant votre tour.

Votre voisin entame un bout de conversation et vous fait part de ce qui l'amène : ses malheurs sont grands et émoustillent votre sensibilité naturelle, si bien qu'une confidence en valant une autre, vous laissez échapper une indiscrétion sur le but de votre visite.

L'introducteur arrive enfin et prononce le sacramentel : A qui le tour ? C'est le vôtre ; vous pénétrez enfin près de la somnambule dont les yeux sont bandés et dont le corps a de singuliers soubresauts.

Votre surprise est grande quand vous l'entendez désigner votre sexe, votre âge approximatif, la teinte de vos cheveux et de vos habits et enfin le motif de votre démarche.

A ce moment vous êtes subjugué et la somnambule peut s'égarer et divaguer totalement, vous excusez ses erreurs et vous finissez même par débrouiller dans son bavardage quelque chose ayant trait à ce qui vous préoccupe; mais si votre mémoire était fidèle, ce serait le moment ou jamais de vous souvenir du voisin qui vous a précédé dans le cabinet et du guichet dérobé d'où l'on vous examine à loisir avant votre introduction.

Ailleurs, c'est un docteur authentique ou soi-disant tel, qu'on magnétise véritablement et qui, sur l'indication de la maladie, vous ordonne des médicaments d'autant mieux appropriés que ses connaissances sont plus étendues.

Que ses ordonnances réussissent une fois sur dix et il n'en faut pas davantage pour créer une réputation toujours croissante; ajoutez à cela une réclame quotidienne dans les journaux et vous aurez l'aperçu le plus juste de la lucidité des somnambules.

5.

APPENDICE

Les réponses faites par les somnambules magnétiques ressemblent aux horoscopes qui contiennent des révélations concernant tout le monde ; le demandeur y découvre forcément quelque chose pour lui.

CHAPITRE TREIZIÈME

Le Magnétisme en 1883.

D'après la logique et ce qui précède, il est évident que le magnétisme n'existe pas uniquement dans le but d'amuser les populations.

Je prétends même que l'on serait bien coupable d'exposer en public des sujets magnétiques si l'on avait d'autres moyens d'attirer l'attention sur ce phénomène.

Bien des gens donneraient sans doute plusieurs éditions de ce volume pour une expérience à sensation dans laquelle on traverse le bras d'un sujet avec un fer rouge ; l'émotion chez ceux-là est une passion nécessaire, mais ils ne doivent pas de reconnaissance au magnétiseur qui la leur procure, car celui-ci les prend tout bonnement par le côté faible.

Malheureusement, il faut passionner pour instruire.

J'ai indiqué sommairement un des bienfaits du magnétisme en parlant de l'insensibilité, mais parce que je n'ai mentionné que celui-là, il ne faut pas en conclure que c'est le seul ; il en est bien d'autres qui appartiennent au domaine médical sur lequel je ne puis pas empiéter et dont tout magnétiseur attentif peut cependant se rendre compte.

A proprement parler, le magnétisme n'est ni un art, ni une science ni une maladie, c'est un état particulier qui est la propriété des sujets magnétiques.

Ce qui fait dire que le magnétisme est un art, c'est qu'on emploie pour magnétiser des moyens artificiels chez ceux qui ne savent pas encore se rendre magnétiques tout seuls.

On donne d'autre part le nom de science à tout ce qui fait l'objet d'études particulières.

Mais s'il fallait donner le nom de maladie à l'état magnétique, il y aurait tout à parier que l'humanité entière est malade, car tel individu qui n'est apparemment pas magnétique aujourd'hui l'était hier ou le sera demain.

En effet, se mettre dans l'état magnétique c'est montrer la plus pure expression de sa volonté, puisque c'est l'anéantir ; et l'on peut supposer ici que cette faculté est à la portée de tous.

Du reste, j'ai dévoilé avec l'essence du magnétisme, ses effets principaux et les moyens de le produire ainsi que les précautions à observer, car en toute chose le mal est tout près du bien.

Sous l'égide de mes enseignements, beaucoup de personnes vont se mettre immédiadiatement à l'œuvre, mais elles pourront se décourager de leurs échecs et supposer qu'elles n'ont pas les éléments nécessaires de la réussite.

Ce serait tomber dans une grave et fatale erreur que de s'arrêter en face de la difficulté, car s'il y a du talent à réussir une expérience, il est tout entier du côté du sujet et non de l'opérateur. Il faut donc avant tout s'attacher à découvrir des sujets, à faire un triage en se basant sur les probabilités que j'ai décrites et ne pas se départir de la plus grande patience et d'une persévérance à toute épreuve. Demandez à agir à titre d'essai et vous serez surpris autant que le sujet de votre première réussite ; ce premier pas étant fait, les sujets viendront s'offrir d'eux-mêmes, sûrs de rencontrer en vous du savoir-faire et de la discrétion.

Le magnétisme est dans une phase de mouvement facile à dépeindre :

Tout le monde en a entendu parler plus ou moins ; mais le nombre de ceux qui n'ont là-dessus aucun préjugé est excessivement restreint.

Ce sont ceux qui souvent le connaissent le moins qui en parlent le plus et dans quel langage ! Le fluide jouit auprès d'eux d'un crédit illimité et leur permet d'expliquer tous les phénomènes; d'autres tiennent sur le magnétisme en général et le magnétiseur en particulier des propos touchant à la négation de l'un et à l'honorabilité de l'autre.

J'en sais quelque chose personnellement et les spectateurs de mes séances me sauront gré de leur en faire part.

On n'a pas craint d'insinuer que j'ai offert et donné de l'argent à des jeunes gens pour faire le simulacre du sommeil magnétique.

Ce qu'il y a de vrai dans ces racontars malveillants, le voici :

Les spectateurs de mes séances font d'ordinaire une collecte au profit des sujets que j'emploie pour les dédommager de leurs fatigues et me donnent spontanément leurs signatures en manière de remerciement.

Je demande pardon au lecteur d'introduire en cet ouvrage les échos de cette basse calomnie, mais je dois à la cause du magnétisme et à ce chapitre en particulier de montrer les faits sous leur vrai jour et de dire à quels adversaires j'ai affaire.

Le magnétisme devient enfin à juste titre la propriété du grand public intelligent et je me féliciterai d'y avoir contribué en applaudissant aux découvertes qui ne manqueront pas de couronner les efforts et les recherches de mes lecteurs.

CHAPITRE QUATORZIÈME

Théories personnelles sur la catalepsie.

Il est bien entendu, et pour cause, que je laisse aux spécialistes la définition théorique du sommeil magnétique et de l'état physiologique du système nerveux au moment où il se produit.

Mais je puis fournir à la science des renseignements exacts sur les phénomènes accomplis pendant le sommeil sur l'instigation du magnétiseur.

Ainsi que je l'ai énoncé, l'opérateur s'empare moralement de la volonté du sujet, surtout quand ce dernier est convaincu de la réalité de son impuissance.

Le sujet magnétique est donc inerte et semblable à une machine dont la force ne peut se développer que sous l'influence et avec le concours d'un mécanicien.

Or, il est évident que, lorsque le magnétiseur place un des membres du sujet dans une position quelconque, celui-ci, qui n'a pas désiré cette opération, mais qui est incapable de l'empêcher, n'a pas non plus le pouvoir d'y rien changer, et les muscles, sous l'inertie du système nerveux, restent rigides n'étant plus sollicités par ce dernier de revenir à la position ordinaire.

Une pression sur les muscles et les tendons ne peut donc qu'augmenter leur rigidité.

Lorsqu'on veut détruire la catalepsie, il n'est pas besoin de déployer de force, il suffit d'avertir verbalement le sujet de ses intentions ou de lui faire comprendre par l'insufflation ou des passes légères qu'on veut remettre les choses en leur état normal.

Ceci explique que beaucoup de sujets ne peuvent être mis en catalepsie par les spectateurs, à moins d'être complètement anéantis et soumis à la première sollicitation venue.

Ainsi, il suffit de prier à haute voix quelqu'un de l'entourage d'*essayer* de mettre en catalepsie le bras de votre sujet pour que celui-ci oppose une résistance qu'il ne croit pouvoir opposer à son magnétiseur, et lorsqu'il n'est pas prévenu ou qu'aucun bruit ne lui indique la substitution d'opérateur, la catalepsie, est possible par n'importe qui.

Je ne veux pas entreprendre l'explication de l'insensibilité qui accompagne *toujours* la catalepsie, car je ne pourrais que me perdre en conjectures, et les expériences les plus contradictoires ne trahissent en rien les secrets du système nerveux sur ce terrain.

Il est donc nécessaire de consulter les ouvrages spéciaux qui depuis quelques années traitent du système nerveux.

On y parle sans doute de l'interception de communication entre les nerfs et les centres nerveux qui perçoivent les sensations, ce qui est une raison suffisante, ou d'autres causes plus compliquées encore. mais, je le répète, j'y renvoie absolument le lecteur, car j'ai voulu donner en cet ouvrage le résultat de découvertes et d'observations entièrement personnelles.

J'ai donné aussi mon avis sur les révélations somnambuliques et confessé mon scepticisme à cet égard, et j'ajoute enfin qu'il est parfaitement impossible de communiquer sa pensée à un sujet magnétique par des moyens autres que ceux qui sont matériellement explicables et approuvés par la raison.

Ce serait une énorme prétention que de vouloir imposer mes théories à tout le monde, mais chaque expérience nouvelle et sur un sujet nouveau me confirme dans cette idée qu'elles ont, jusqu'à preuve du contraire autant, sinon plus de valeur, que les opinions opposées.

Je dirai enfin que pour réussir une expérience avec certains sujets, il suffit de paralyser chez eux un des sens, tel que la vue ou l'ouïe en bouchant les yeux ou les oreilles ou en touchant certaines parties du visage ou du corps.

Dans ces derniers cas, le secours de la fascination ou de la fixité des regards devient inutile et on peut dire que tous les moyens conduisent au même résultat chez les sujets prédisposés à l'état magnétique.

Quant aux comparaisons à établir entre l'hystérie et l'état magnétique, je ne sais jusqu'à quel point elles sont fondées, attendu que l'hystérie procède par crises et convulsions et que l'état magnétique se manifeste dans le plus grand calme et sans la moindre agitation.

Qu'on prenne mes réflexions pour ce qu'elles sont, c'est-à-dire comme venant d'un praticien qui n'a d'autre prétention que d'aider ses lecteurs à découvrir l'entière vérité.

CHAPITRE QUINZIÈME

Société des Magnétiseurs de France.

Le magnétisme ainsi livré à lui-même et à l'initiative privée court fortement le risque de retourner dans l'ombre d'où il est à peine sorti, et c'est un devoir que d'étudier les moyens propres à son développement.

Il est donc naturel de supposer la réalisation d'une société portant l'intitulé de ce chapitre.

La création de cette société est une chose d'autant plus réalisable qu'il y a beaucoup de gens dévoués corps et âme aux causes humanitaires et qui aident de leur appui moral et pécuniaire les sociétés philanthropiques.

La société dont je veux parler aura cet avantage sur les autres qu'elle n'entraînera à aucune cotisation et que le titre de tous ses membres sera purement méritoire et honorifique.

Comme je l'indique plus haut, sa dénomination sera :

Société des magnétiseurs de France. La présidence d'honneur en sera offerte à un docteur. Chaque ville pourra conserver son autonomie et posséder ses président et secrétaire en se rattachant au chef moral de la société française par ses rapports annuels et les comptes-rendus de ses séances publiques.

Chaque membre ne sera reçu qu'après avoir expérimenté devant deux membres délégués et recevra un diplôme qui lui donnera qualité pour faire des élèves et des adhérents.

Tous les sujets magnétiques feront partie d'office de la société et jouiront de tous les avantages qu'elle pourra procurer désormais. Lesdits sujets ne consentiront à des expériences que sous la direction d'un membre de la société.

Tous les sociétaires s'engageront à travailler au développement de la société et à combattre les abus qui pourraient se produire ; ils prêteront en outre leur concours à tout médecin qui en fera la demande.

Ce projet pourra, j'en suis certain, rencontrer des obstacles, mais on en rencontre dans les actes les plus simples de la vie ;

aussi je prie les partisans de mon système de vouloir bien m'adresser leurs renseignements et leurs conseils.

Quant à moi, je travaillerai de mon côté à la fondation de petites sociétés locales qui n'auront plus qu'à se fondre en une seule dont la présidence sera créée par voie d'élection.

D'ores et déjà, je me mets à la disposition des groupes, des sociétés, des villes et des institutions pour des conférences publiques suivies d'expériences.

Les sujets que j'emploie sont de partout, c'est-à-dire non attachés à mon service ou à ma personne, ce qui donne à mes expériences le seul cachet digne d'elles, celui de la vérité.

Bonne chance donc au magnétisme et aux magnétiseurs de l'avenir.

Le jour où ceux-ci auront prouvé à l'univers la seule existence de celui-là, ils auront largement fait le travail d'une génération et laisseront à leurs successeurs un chemin tout frayé sur lequel pourront se diriger leurs pas.

CHAPITRE SEIZIÈME

Préjugés et superstitions.

A différentes reprises, j'ai parlé des préjugés et des superstitions attachés au magnétisme, il est donc nécessaire de les mentionner sommairement.

Ayant consacré un chapitre au « fluide magnétique » la plus remarquable des erreurs, je vais passer aux suivantes.

D'après des théories qui furent imprimées et qui s'impriment peut-être encore à l'heure où j'écris ceci, il est nécessaire d'avoir la foi de croire au magnétisme pour réussir et une seule personne incrédule dans l'assistance empêche au phénomène de se manifester.

Je puis opposer à ces croyances une raison bien simple, c'est que je n'ai opéré qu'en présence d'incrédules et sur des sujets plus rebelles encore.

Une personne, qui a fait autrefois des études sur le magnétisme, s'excusait un jour devant moi de ne pas me montrer son savoir-faire en prétextant des douleurs rhumatismales dont la contagion est à redouter.

Evidemment je conseille à ceux qui sont atteints de petite vérole, de la gale ou de fièvre typhoïde de ne point faire d'expériences de magnétisme, mais on se demande si l'on n'est pas en droit de sourire lorsqu'on entend débiter sérieusement de telles fantaisies sur la contagion des douleurs.

Cette digression sur les maladies me met en mémoire l'histoire d'un gilet de flanelle pris sur un moribond et envoyé à l'examen d'un somnambule extra-lucide.

Lorsqu'on prend cette détermination, il est évident que le cas est grave et que la science médicale est impuissante. Cependant l'expéditeur du gilet de flanelle fut émerveillé de recevoir la réponse suivante :

Le propriétaire du gilet est très malade.

Et pourtant ce n'était pas assez explicite, puisqu'au moment où parvenait la communication, le malade était mort.

Voici maintenant des expériences qui sont relatées dans des ouvrages sérieux et qui démontrent combien peu importait aux auteurs l'utilité du magnétisme.

On fait sur le sol un cercle à la craie autour du sujet magnétisé et on lui dit :

Essayez du sortir de cercle qui vous entoure !

Ou bien encore en s'adressant à la galerie : Messieurs, je gage que le sujet ici présent ne pourra franchir les limites de cette circonférence !

Il faudrait que l'état magnétique rendît mille fois imbécile pour ne pas saisir ce que l'opérateur attend de son sujet.

Quoi qu'il en soit, je pense bien que ce n'est pas avec de telles expériences qu'on peut faire des adeptes.

On a prétendu que les glaces augmentaient l'influence du fluide magnétique et l'on s'en servait pour endormir les sujets en leur faisant contempler leur propre image.

Le lecteur qui est déjà familiarisé avec mes révélations et surtout avec ce qui a trait à l'hypnotisme a compris que le miroir peut remplacer complètement le magnétiseur et qu'il n'agit en cela que comme la lune, la photographie, la fleur, ayant cependant cet avantage qu'il offre au sujet deux yeux à contempler qui ont l'exacte fixité des siens.

Il faut admettre que le magnétisme dans ses effets peut prêter à la superstition et aux erreurs pour excuser ceux qui se sont fourvoyés si longtemps, et l'on peut affirmer que Mesmer eût conquis la gloire et frisé la divinité si, se basant sur le christianisme et le spiritisme, il avait fait du magnétisme une religion.

CHAPITRE DIX-SEPTIÈME

Spiritisme.

Dans l'esprit de bien des gens, les mots magnétisme et spiritisme sont presque synonymes.

Il y a pourtant entre eux cette différence que le premier se classe parmi les sciences et le second parmi les religions.

La confusion qui fait prononcer simultanément ces deux mots m'oblige à dire deux mots du spiritisme dans cet ouvrage.

Le spiritisme est une religion ayant, en outre de ses dogmes et de ses croyances, des pratiques mystiques fort curieuses.

Certaines religions comportent la confession, la communion, l'adoration, le jeûne, etc., etc. ; le spiritisme conduit à l'évocation des défunts et des prétendus esprits bienfaisants ou malfaisants qui peuplent l'infini.

L'évocation, comme bien on pense, a pour but de mettre les spirites en communication directe avec les esprits et d'obtenir de ceux-ci des révélations sur l'autre monde et sur la divinité.

Tout merveilleux que cela puisse paraître, il en est ainsi pour tous les sectaires de cette religion ; mais voici qui est plus surprenant: le spiritisme est une force qui se divise en deux parties : force morale d'abord, force mécanique ensuite. La force morale se manifeste dans les effets produits sur les cerveaux et sur la philosophie des spirites.

La force physique ou mécanique se traduit par les mouvements imprimés aux spirites en dehors de leur volonté et aux objets inanimés eux-mêmes.

Tout le monde a entendu parler des médiums-écrivains dont les mains tracent des écritures involontaires, et enfin des *tables tournantes* qui sont la manifestation la plus fréquente du mouvement développé sous l'influence du spiritisme.

S'il y a des préjugés et des superstitions attachés au magnétisme, il y a du fanatisme chez les spirites ; ceux-ci se feraient hacher menu pour soutenir le mouvement rotatif des tables ; d'autres, ce sont les plus nombreux et j'ai le regret de le constater, accueillent par de francs éclats de rire le récit des phénomènes spirites.

Lesquels sont dans le vrai? Hélas! je ne puis le dire.

Cependant, qu'il me soit permis de faire ici une courte profession de foi qui ne m'est suggérée par la lecture d'aucun ouvrage spirite.

Si l'on observe la nature dans son fonctionnement universel, il est facile de voir qu'il n'y a pas de ligne de séparation entre les corps qui la composent.

Les éléments ont tous des points de ressemblance et d'affinité, ainsi que les êtres qui se meuvent dans les espaces.

Les êtres animés tiennent des éléments dans leur structure; leurs cendres en font foi. Le règne animal et le règne végétal procèdent de la même façon dans leurs fonctions vitales ; il est établi que certaines plantes sont vivantes, c'est-à-dire pourvues de mouvement et de sensibilité et que certains animaux sont dépourvus de l'un et de l'autre.

Les âmes et les esprits qui animent toutes les créatures sont renfermés ou intimement liés aux enveloppes qu'on nomme les corps des hommes ou des animaux.

Et pourtant entre l'esprit et le corps quels points de ressemblance, quelle analogie, sinon que l'un ne saurait subsister ou exister sans l'autre.

De là à supposer que toute intimité n'a pas cessé entre le corps et l'esprit après la mort ou plutôt entre les esprits vivants et les esprits morts (qu'on me permette ces expressions), il n'y a qu'un pas, et tous ceux qui, comme moi, se perdent en conjectures sur les mystères de la seconde vie sont tentés de le franchir pour leur satisfaction personnelle.

Je ne suis pas assez sceptique pour douter que certaines personnes n'aient acquis la preuve de leurs suppositions, mais jusqu'à présent j'ai été écarté du nombre des élus ainsi que beaucoup d'autres.

Cependant, aussitôt mes études et mes recherches sur le magnétisme terminées, je veux m'adonner au spiritisme et ne demande qu'à acquérir la certitude de son existence.

Serai-je favorisé dans le second cas comme je l'ai été dans le premier ? Je ne saurais le dire, mais je puis affirmer que j'apporterai dans mes travaux la même patience et la même impartialité.

Je puis donc terminer ce chapitre en prévenant mes lecteurs de cette détermination :

Si la chance me sourit et que j'arrive à faire tourner la moindre table qui soit au monde, je les en aviserai et tâcherai de leur en donner l'explication.

Mais je crains bien d'échouer sur le terrain des théories en cette matière, car la meilleure explication en fait de religion ne vaut pas la foi avec laquelle je suis à l'avance

LEUR DÉVOUÉ SERVITEUR,

Camille Bélot.

ATTESTATIONS

PROCÈS-VERBAL

d'une

SÉANCE DE MAGNÉTISME

Donnée à **Malesherbes** (Loiret), sous la présidence de M. Neveu, maire, le 1er juillet 1883.

Nous soussignés, certifions avoir assisté à une séance de magnétisme où M. Bélot a fait des expériences sur un jeune garçon, et produit sur lui tous les phénomènes magnétiques.

E. Neveu.	Bennetot.
Foussard.	Buard.
Billioux.	Halliard.
Chanet.	Charmon.

Tillet.   Chevrier.
L. Gauthier.   Berthier.
Harrault.

PROCÈS-VERBAL

D'UNE

SÉANCE DE MAGNÉTISME

Donnée à Beaune-la-Rolande (Loiret), hôtel de la Barbe-Blanche.

Nous soussignés, certifions avoir assisté à une séance de magnétisme où M. Bélot a fait des expériences sur un jeune garçon et une jeune fille de notre localité.

Andrieux.	Legendre.
E. Durand.	Marquat.
Fauvelle.	Ch. Jublot.
Rossignol.	Herman.
Monnier.	Parfait Eugène.
Alphonsine Mercier.	Gilbert.

Hayot Désiré. Ebelle.
Grimpier. E. Gilles.
Pradel. Nicolas.

PROCÈS-VERBAL

d'une

SÉANCE DE MAGNÉTISME

Donnée à **Nevers**, hôtel du Commerce, le 13 mai 1883.

Nous soussignés, certifions avoir assisté à une séance de magnétisme où M. Bélot a fait des expériences sur deux voyageurs.

A. Lucas.
L. Godard.
Lorrain.
Gauclère.
Maréchal.
Paul Charrier.
Guillemet fils,   (maître d'hôtel.)

PROCÈS-VERBAL

d'une

SÉANCE DE MAGNÉTISME

Donnée à **Toucy** (Yonne), hôtel de Montargis.

Nous soussignés, certifions avoir assisté à une séance de magnétisme où M. Bélot a fait des expériences sur un jeune homme et une jeune fille de notre localité.

Joly.	C. Lapierre.
Carré.	Th. Lapierre.
Coffre.	Rémond.
Papavoine.	Privault.
Déluge.	Trottard.

PROCÈS-VERBAL

D'UNE

SÉANCE DE MAGNÉTISME

Donnée à **Arnay-le-Duc** (Côte-d'Or), hôtel Collot (Cercle du Commerce).

Nous soussignés, certifions avoir assisté à une séance de magnétisme où M. Bélot a fait des expériences sur un jeune garçon.

G. Considère.
E. Briotet.
Dœleh jeune.
Brenot.
Bonnot.
Drouhin.
Renouard.

Mauvenet.
Louis Dufresne.
Bouley Loireau
Bouiller.
Darne.
Mercier.
A. Dubois.

PROCÈS-VERBAL

D'UNE

SÉANCE DE MAGNÉTISME

Donnée à **Varzy** (Nièvre).

Nous soussignés, certifions avoir assisté à une séance de magnétisme où M. Bélot a fait des expériences sur trois personnes.

Bellot Billard.

Laubereau.	Devain.
Julien Petit.	G. Boussard.
Edmond Barrat.	Georges Séguin.
Camille Salles.	Souciet.
Caussinus.	Coqblin.

PROCÈS-VERBAL

d'une

SÉANCE DE MAGNÉTISME

Donnée à **Malesherbes** (Loiret), le 20 avril 1883.

———

Nous soussignés, certifions avoir assisté à une séance de magnétisme où **M.** Bélot a fait des expériences sur trois personnes.

Chanet, entrepreneur de peintures.
E. Goux, mercerie en gros.
Duranton, voyageur.
Charmon, tailleur.
Ad. Pradel.
Gaudin, représentant de la maison Baudichon.
Berne.

PROCÈS-VERBAL

d'une

SÉANCE DE MAGNÉTISME

Donnée à **Clamecy** (Nièvre), café Bertin.

Nous soussignés, certifions avoir assisté à une séance de magnétisme où M. Bélot a fait des expériences sur un jeune homme.

D^r Th. Beaufils.	Tournadour.
L. Coupechoux.	A. Louvel.
Feuillat.	J. Marié.
J. Gérard.	Séris.
Camille Salles.	G. Coupechoux.
E. Bertin.	Fouliéron.
Lemoine.	

PROCÈS-VERBAL

D'UNE

SÉANCE DE MAGNÉTISME

Donnée à **Courtenay** (Loiret), hôtel Rousseau
le 29 avril 1883.

Nous soussignés, certifions avoir assisté à une séance de magnétisme où M. Bélot a fait des expériences sur un jeune garçon.

Ch. Zelner.   E. Perrot.
Rousseau.   Hémard.
L'Hermitte.   Baudier.
A. Motheron.   Lucien Rousseau.
Maudan.   A. Fribault.

PROCÈS-VERBAL

D'UNE

SÉANCE DE MAGNÉTISME

Donnée à **Montargis** (Loiret), hôtel de la poste, le 13 juillet 1883.

Nous soussignés, certifions avoir assisté à une séance de magnétisme où M. Bélot a fait des expériences sur un homme et une femme.

Barjot jeune, négciant à Auxerre. (Yonne.)
Henri Lépine à Mantes. (Seine-et-Oise.)
Attaut, voyageur.
P. Gaudon, voyageur.
J. Bouras, voyageur.

PROCÈS-VERBAL

d'une

SÉANCE DE MAGNÉTISME

Donnée à **Moulins-Engilbert** (Nièvre), hôtel Wallsdorff-Rodrigue, le 24 mai 1883.

Nous soussignés, certifions avoir assisté à une séance de magnétisme où M. Bélot a fait des expériences sur un jeune homme.

L. Adam.	Renouard.
Duriaux.	C. Salles.
Labrosse.	Roville.
Laudet-Prau.	

PROCÈS-VERBAL

d'une

SÉANCE DE MAGNÉTISME

Donnée à **Châtillon-sur-Seine** (Côte-d'Or), hôtel de la Poste, le 7 juin 1883.

Nous soussignés, certifions avoir assisté à une séance de magnétisme où M. Bélot a fait des expériences sur trois personnes.

J'ai constaté une parfaite catalepsie.
(Docteur Viard)

Berger.	Mony.
Dolégeal.	Suchetet.
Frérot.	Delatour.
Lorimy.	L. Pigner.
J. Suchetet.	F. Rempon.

Ed. Bourotte.   L. Tolet.

Les sujets magnétisés :   Cécile Long.

Eugénie Bodez.   Louis Yot.

PROCÈS-VERBAL

D'UNE

SÉANCE DE MAGNÉTISME

Donnée à **Montargis** (Loiret), hôtel de la Poste, le 23 avril 1883.

Nous soussignés, certifions avoir assisté à une séance de magnétisme où M. Bélot a fait des expériences sur deux femmes et sur un homme.

Bachou.	G. Lemoine.
Ch. Maurer.	G. Imber.
Pradel.	A. Gouret.
Jérôme.	J. Riberol.
Lorin.	M. Prost.
P. Hubert.	Rousseau.
Godefroy.	

PROCÈS-VERBAL

d'une

SÉANCE DE MAGNÉTISME

Donnée à **Puiseaux** (Loiret), hôtel Berthier, le 19 avril 1883.

Nous soussignés, certifions avoir assisté à une séance de magnétisme où M. Bélot a fait des expériences sur deux hommes.

Berne, représentant de la maison Pélissié.
Louis Robert, confiseur à Pithiviers (Loiret).
Ch. Barbe, négociant à Bordeaux.
Launay Alexandre, maison Daligaut.
Gaudin, de la maison Baudichon.
Berthier, maître d'hôtel.

PROCÈS-VERBAL

D'UNE

SÉANCE DE MAGNÉTISME

Donnée à **Montargis** (Loiret), hôtel de la Poste, le 27 avril 1883.

Nous soussignés, certifions avoir assisté à une séance de magnétisme où M. Bélot a fait des expériences sur deux employés de l'hôtel.

B. Maurice. Sevin.
E. Potel. C. Alacoque,
Em. Dupuis. E. Goux.
M. Chaussard. Chatouillat.
   A. Béringer.
F. Joanne.

PROCÈS-VERBAL

D'UNE

SÉANCE DE MAGNÉTISME

Donnée au **Théâtre de Varzy** (Nièvre).

Nous soussignés, certifions avoir assisté à une séance de magnétisme offerte par M. Bélot.

Le sujet magnétisé. A. Laubereau.

Docteur Paillard.   E. Potel.
C. Salles.   Boussard.
V. Olin.   A. Mitton.
Bellot Billard   J. Petit.
H. Naudin.   Evin.
L. Dinot.   G. Boussard.

A. Jouvenot.   A. Michot.
Gourin.   Faucon fils.
Savignat.   Besançon.
A. Marache.   Royer.
Coqblin.   Souciet.
Jeunet.   A. Decorde.
H. Guillemot.   G. Seguin.
Destay.

PROCÈS-VERBAL

D'UNE

SÉANCE DE MAGNÉTISME

Donnée à Saint-Fargeau (Yonne), hôtel David, le 30 juillet 1883.

Nous soussignés, certifions avoir assisté à une séance de magnétisme où M. Bélot a fait des expériences sur une jeune fille.

Millereau.	Merlet, fils.
A. Roncelin.	Roché.
Maurice Mathieu.	Derouet.
David fils.	David.
F. Garnier.	Claire David.

PROCÈS-VERBAL

d'une

SÉANCE DE MAGNÉTISME

Donnée à **Toucy** (Yonne), hôtel de Montargis, le 29 juillet 1883.

Nous soussignés, certifions avoir assisté à une séance de magnétisme, où M. Bélot a fait des expériences sur deux dames et un jeune homme.

Bonichon.	Frontier.
Joly.	Déluge.
L. Léger.	Figus.
Papavoine.	Foissin.
Rémond,	Am. Lhabitant,

Th. Lapierre.
Camille Lapierre.
J. Boulay.
vétérinaire.
Charles.
G. Caix.
P. Defrance,
Thévenin.
Lechier.
Vernet.
Raynaud.
Simonneau.
Joseph Lomis.

Rapin.
Trottard.
Marius Niquet.

Weimer.
Chevalier.
Nesle.
Carestia.

PROCÈS-VERBAL

D'UNE

SÉANCE DE MAGNÉTISME

Donnée à **Courtenay** (Loiret), hôtel Rousseau, le 27 juillet 1883.

Nous soussignés, certifions avoir assisté à une séance de magnétisme où **M.** Bélot a fait des expériences sur deux jeunes garçons.

Davy.	E. Fribault.
Prochasson.	E. Perrot.
L. Delaveau.	E. Genty.
A. Métivier.	A. Drouet.
Octave Blin.	H. Rousseaux.
A. Bertin.	Leriche, vétérinaire.

PROCÈS-VERBAL

d'une

SÉANCE DE MAGNÉTISME

Donnée à **La Charité** (Nièvre), le 26 septembre 1883.

———

Nous soussignés, certifions avoir assisté à une séance de magnétisme où M. Bélot a fait des expériences sur une jeune fille.

Darvoy-Dumont.   Veuve Marion.
Louise Dumont.   Félix Dumont.
Veuve Souciet-Micaleff.
Vᵉ Dumont-Micaleff.
Louise Darvoy.   L. Chauvain,
A. Prouteau.   pharmacien.
Z. Lecomte.   Madame Chauvain.
A. Bouë, du 95 de ligne.   Comaille.

H. Aubert.

Françoise Philippe. Louis Maison.

Louis Mougne. Maria Guille.

François Monin. Marie Mougne.

Jean Pourelles. Ch. Pasquet.

Alfred Martin.

PROCÈS-VERBAL

D'UNE

SÉANCE DE MAGNÉTISME

Donnée à **Malesherbes** (Loiret), le 13 octobre 1883.

———

Nous soussignés, certifions avoir assisté à une séance de magnétisme où M. Bélot a fait des expériences sur un jeune homme.

Bennetot.	Baron.
Bouchonnet.	Rouffignac.
Chanet.	Pradel.
Champey.	Bouchet.
Batraud.	Divaret.
Pointeau fils.	Billaut.
L. Charmon.	Gauthier.
Boiscommun.	Lacheny.

Harraut. Ducoup.
Métrau. Berger.
Pillas. Marius Niquet.

PROCÈS-VERBAL

D'UNE

SÉANCE DE MAGNÉTISME

Donnée à **Pithiviers** (Loiret), café du Loiret.

Dans la soirée du 15 octobre, nous avons pu constater que M. Bélot nous a présenté 3 jeunes gens de 14, 16, et 18 ans, qu'il les a très facilement endormis et jetés en état de catalepsie.

Docteur Prud'homme. Louise Lecesne.
Docteur Augé fils Baillard Pasquet.
Paul Robert. Moutier.
Guérinet G. Tyrode.
Lamblin. Delafoy,
Leconte. Mousset.
Guériard. Jutteau.

C. Chemier.　　　Gingréau.
pharmacien.

Brisemure.　　　G. Merlet.

L. Robert.　　　Desneiges.

Paris.　　　　　Brochard.

Chosset.　　　　Jilbert.

Duplaix.　　　　Forteau.

Bechu.　　　　　Touzé.

E. Pasquet.　　　J. Robert.

Coutan.　　　　Marchenay.

Bertheu.　　　　Dupré.

Guérinet H.　　　Mill, chimiste.

Margane.　　　　Schmit.

Vassort.

PROCÈS-VERBAL

D'UNE

SÉANCE DE MAGNÉTISME

Donnée à Montargis (Loiret), hôtel de la Poste, le 1ᵉʳ novembre 1883.

Je soussigné (docteur de Gislain, médecin à Montargis, Loiret), certifie avoir assisté à une soirée où M. Camille Bélot a endormi trois sujets. J'ai pu constater l'insensibilité parfaite des sujets ainsi que leur état de rigidité complète. J'ai pu, chez une des femmes endormies, traverser une partie du bras sans douleur (Docteur de Gislain.)

Boscheron.   Chaillot.
Feuillet   Poisson.

Rocher.   Rousseau.
Sevin.   Ferret.
Houst.   Raoul Clain.
Roy.   Chatouillat.
Métivier.

ATTESTATIONS

PROCÈS-VERBAL

D'UNE

SÉANCE DE MAGNÉTISME

Donnée à Bellegarde (Loiret), hôtel de France, le 3 novembre 1883.

Nous soussignés, certifions avoir assisté à une séance de magnétisme où M. Bélot a fait des expériences convaincantes sur un jeune homme.

Bouzique.	F. Desage.
A. Sevin.	Robillard.
Delaborde.	Rossignol.
E. Carré.	Champenois.
Danthon.	Chaudré.
Delaborde.	A. Côme.
M. Delaborde.	H. Robillard.

J. Martin.   F. Favotte.

Dupont.   Besnard.

Bernit.   Croix-marie.

M. Niquet.   Bassart.

H. Triolot.

PROCÈS-VERBAL

d'une

SÉANCE DE MAGNÉTISME

Donnée à **Courtenay** (Loiret), hôtel de l'Etoile, le 10 novembre 1883.

Nous soussignés, certifions avoir assisté à une séance de magnétisme où M. Bélot a fait des expériences sur trois personnes.

Paul Sauvage.	Ernest Souchet.
Perrot Jaluzeau.	Reusse.
E. Fauchy.	E. Chambon.
E. Perrot.	Chaperon.
Leriche.	H. Rousseau.
A. Peillard.	Poirier.
Léon Laire.	L. Rousseau.

Gaston Paul.   Eusèbe Laboin.
Blin.   Davy.
Gaujard.   G. Laudon.
Beulin.   Alfred Chevillard.
L. Dumand.   Drouet Charles.
Ch. Demelle.   Millet.
Robert.   Drouet Elie.
E. Mariotte.   C. Desmoithiers.
Foucher.

APERÇU

DE

QUELQUES CERTIFICATS

Délivrés pendant le sommeil magnétique.

———

Monsieur Bélot,

Je certifie que vous m'avez endormi.

Paul Charrier,
à Nevers (hôtel du Commerce.)

Monsieur Bélot,

Je certifie que vous m'avez endormi.

Roville,
10, rue de la Tartre (Nevers.)

Monsieur Bélot,

Je suis heureux d'affirmer par çes lignes votre puissance magnétique et de vous remercier d'avoir rendu le calme à mon système nerveux.

Ph. Gaudin,
rue de Bourgogne, à Orléans.

Je soussigné, certifie avoir été endormi par Monsieur Bélot à Malesherbes, le 20 avril 1883.

Berne,
Voyageur de commerce.

Monsieur Bélot

Je certifie que vous m'avez endormi.

{ Saleix,
Voyageur de commerce.

Monsieur Bélot,

Vous m'avez endormie.

Alphonsine Mercier.
à Beaune-la-Rollande (Loiret.)

Monsieur Bélot,

Je certifie que vous m'avez endormi.

F. Beaujoin,
Châtillon-sur-Seine, 31 août 1883.

(Certificats à l'appui du précédent.)

Je soussigné avoir vu M. Beaujoin endormi sous mes yeux par M. Bélot, ainsi qu'une demoiselle à l'hôtel de la Poste, à Châtillon-sur-Seine.

L. Antoine,
Ingénieur civil.
Châtillon-sur-Seine, le 31 août 1883.

Monsieur Bélot,

J'ai vu endormir une jeune fille à l'hôtel de la Poste..

Cayère,
Châtillon-sur-Seine, le 31 août 1883.

J'ai vu M. Bélot endormir les deux sujets portés plus haut, ils ont été mis en état de catalepsie.

J. Suchetet.
Le 31 août 1883.

Pour attestation des expériences précédentes.

E. Deschaseaux,
Châtillon-sur-Seine, le 31 août 1883.

Monsieur Bélot,

Je certifie que vous m'avez endormie.

Louise Boizot,
Châtillon (Nièvre.)

Monsieur Bélot,

Je certifie que vous m'avez endormie.

Marie Dupuis,
La Charité (Nièvre.)

Je certifie que M. Camille Bélot m'a endormi le 16 octobre.

Maurice Lecomte à Pithiviers.

L'Indépendant de Pithiviers.

I

Lundi dernier, une soirée de magnétisme fort intéressante a été offerte au public dans une des salles du café du Loiret, par M. Bélot, au profit de la fanfare de Pithiviers. M. Bélot n'est pas un de ces charlatans effrontés qui exploitent la crédulité des gens en leur faisant prédire l'avenir par des sujets plus ou moins lucides ; il se contente de s'occuper des phénomènes physiques présentés par le magnétisme, il se place exclusivement au point de vue scientifique. Il a réussi, avec plusieurs jeunes gens, à obtenir la catalepsie et l'insensibilité absolue. Son auditoire l'a beaucoup applaudi.

Déduction faite des frais, la recette de la soirée a laissé 55 fr. dans la caisse de la fanfare.

Nous ne saurions trop remercier M. Bélot, au nom de nos jeunes musiciens; nous le remercions doublement, car il se propose, dit-on, d'organiser prochainement une autre soirée encore au profit de la fanfare. Elle aurait lieu cette fois avec le concours de la musique, dans la salle du Jardin d'Hiver plus spacieuse et mieux agencée pour recevoir les dames qui voudront assister aux très curieuses expériences de M. Bélot.

Ajoutons que M. Bélot va prochainement publier à Paris, sur le magnétisme, un ouvrage que tous les curieux voudront lire.

L'Écho de Pithiviers.

II

Lundi dernier dans la soirée, M. Camille Bélot, cédant aux instances de ses amis, a donné au café du Loiret une séance de magnétisme qui a vraiment charmé les assistants.

M. Bélot a endormi trois jeunes gens de quatorze à dix-huit ans et obtenu avec eux des résultats étonnants, il les a surtout facilement mis en état de catalepsie, ce qui a été constaté par deux médecins de Pithiviers présents à ces expériences.

M. Bélot n'est pas un charlatan. Représentant de commerce connu depuis longtemps à Pithiviers, il endort ses sujets sans simagrées, point de gestes inutiles, il montre simplement au public le résultat d'études particulières.

Ce jeune adepte du magnétisme a d'ailleurs consigné dans un volume qui va prochainement paraître chez Dentu, le résultat de ses expériences. M. Bélot dans ce volume n'a qu'un but : expliquer sa manière de faire et rendre le magnétisme facile à tous : après avoir lu son ouvrage, tout le monde dit-il, pourra faire comme lui.

La somme de cinquante-cinq francs, produit d'une tombola faite dans le milieu de la soirée, a été versée dans la caisse de la fanfare de Pithiviers.

On nous dit que M. Bélot, appelé par ses affaires à Pithiviers dans le mois de novembre, donnera, à cette époque, une séance au Jardin d'hiver, avec le concours de la fanfare : nous lui prédisons un grand succès.

INDÉPENDANT DE MONTARGIS

THÉATRE DE MONTARGIS

III

La séance offerte au public de notre localité, dimanche dernier, par M. Camille Bélot, a vraiment été ravissante.

En s'annonçant à nous, M. Bélot ne s'est pas flatté ; il est resté, au contraire, bien au-dessous de la réalité dont il nous a fait la surprise. Ses expériences de magnétisme n'ont pas seulement causé de l'étonnement mais de la stupéfaction. Constatées *de visu* et *de sensu* par de nombreux spectateurs établis sur la scène, les dites expériences ne sauraient permettre le moindre doute sur ses merveilleux résultats.

Parler, agir, chanter, marcher sous l'influence du sommeil, c'est ce que nous avons vu faire à quatre sujets magnétisés. Sceptique, sinon incrédule jusqu'à ce jour en la matière, nous avouons humblement notre conversion scientifique. Ce qui surtout nous a frappé de surprise, c'est cette catalepsie qui réduit, avec la plus merveilleuse rapidité, à une insensibilité absolue et rend par conséquent exemptes de toute sensation douloureuse les plus redoutables opérations chirurgicales. C'est à ce point de vue surtout que M. Bélot s'intéresse à son art et qu'il va publier prochainement un traité de cette science, que l'incrédulité combat depuis si longtemps.

LA NIÈVRE RÉPUBLICAINE

Moulins-Engilbert le 1er avril 1884.

Monsieur le rédacteur de la *Nièvre Républicaine*,

Veuillez être assez bon de vouloir bien m'offrir l'hospitalité dans les colonnes de votre estimable journal pour les quelques lignes qui suivent :

M. Camille Bélot, le sympathique voyageur, poète, que je peux appeler le voyageur magnétiseur, a bien voulu, après quelques expériences faites dans la salle du café Parisien, chez M. Karst, et sur les nombreuses sollicitations de ses amis, nous offrir dans les salons de la mairie de Moulins-Engilbert, une séance de magnétisme.

M. Bélot a débuté par une conférence sur cette science assez obscure et discréditée. Il ne s'est pas étendu sur la manière et sur la forme à employer pour plonger ses sujets dans une léthargie profonde, (se réservant d'expliquer sa théorie dans un ouvrage édité chez Dentu à Paris). Mais en revanche, il démontre longuement les avantages que l'on pourrait tirer de cet état cataleptique si on l'associait à la science médicale.

Selon lui, le magnétisme devait être le plus

puissant adjuvant de la médecine opératoire. En effet, si l'on peut, par ce moyen, obtenir une rigidité et une insensibilité suffisante, les anesthésiques actuels, chloral, chloroforme et éther auraient vite vécu, le premier système n'offrant plus les dangers du deuxième surtout quand ses agents sont entre des mains, sinon inexpérimentées, du moins présomptueuses.

Tel est le résumé succinct de la conférence, et M. Bélot, passant à la pratique prit au hasard cinq sujets qui furent promptement et habilement magnétisés.

Trois d'entre eux auxquels il portait plus d'intérêt, subirent sous son influence les dislocations les plus étranges. Tantôt placés dans des positions grotesques qui excitent l'hilarité générale, tantôt dans des positions d'équilibre irritable ou dans une rigidité que l'on peut qualifier de cataleptique, rigidité telle que les hommes les plus vigoureux auraient de la peine à supporter deux ou trois minutes. Un magnétisé, placé la tête sur une chaise, les pieds sur une autre, a supporté pendant plusieurs minutes un homme assis sur son abdomen.

Ajoutons, ainsi qu'ont pu le constater les nombreux spectateurs, que l'insensibilité et la rigidité ne se bornaient pas aux membres, mais que toute l'économie en ressentait l'effet, voire même les yeux, qui, ouverts, ont pu supporter des attouchements qui auraient été violents dans l'état normal.

Telle a été, monsieur le rédacteur, le résultat de la séance que M. Bélot a bien voulu nous offrir, et qui s'est terminée par une quête au profit des pauvres dont la part est toujours assurée avec ce digne voyageur.

Un de vos lecteurs assidus.